Dieses Buch gehört:

Sonja Meierjürgen

Wie wird das Wetter?

TESSLOFF

Hallo!
Ich bin Fiete, der Frosch.
Manche Leute glauben, dass ich
das Wetter vorhersagen kann.
Das stimmt leider nicht.
Ich weiß trotzdem viel
über Regen, Wind und Gewitter.
Wenn du willst, erzähle ich es dir.

Hast du beim Lesen
gut aufgepasst?
Dann ran ans Lesequiz!

Mach mit beim Buchstabenrätsel!
Im Buch zeige ich dir fünf Buchstaben.
Setze sie zusammen.
Wie heißt das Wort?
Die Lösung findest du
auf Seite 47.

Inhalt

Regen oder Sonnenschein?

„Hurra! Morgen ist Wandertag!“
Die Kinder der Klasse 1c freuen sich schon.
„Bitte denkt an eure Regenjacken“,
sagt Frau Schneider, die Lehrerin.
„Es könnte morgen regnen.“

„Schade!“, ruft Finn.
„Ach was", meint Juli.
„So ein bisschen Wasser von oben
macht uns doch nichts aus!“

Endlich ist Wandertag!
Wie schön, dass heute
die Sonne scheint.

Burgen bauen am Strand?
Oder Spaß im Schnee?
Was machst du am liebsten?

Wir und das Wetter

Planst du im Sommer
eine Geburtstagsfeier im Garten?
Oder machst du bald einen Ausflug
wie die Klasse 1c?

Vielleicht fährst du im Winter
auch gern Ski oder Schlitten.
Dann willst du sicher wissen:
Wie wird wohl das Wetter?

Bei der Arbeit

Auch bei der Arbeit
müssen viele Leute
auf das Wetter achten.

Im Spätsommer warten die Bauern auf sonniges, trockenes Wetter. Dann kann das Getreide geerntet werden.

Bei Schnee oder Glatteis ist der Winterdienst unterwegs. Jetzt wird gestreut und Schnee geräumt.

Hier wird ein Baum gepflanzt. Viel Sonne und genug Regen helfen jetzt beim Wachsen.

Bei starkem Sturm können Flugzeuge nicht starten.

Die Arbeit auf dem Bau ist sehr anstrengend. Besonders, wenn es heiß ist.

Technisches Hilfswerk

Im Einsatz

Manchmal kann das Wetter
sogar richtig gefährlich werden.
Stürme können Bäume entwurzeln
oder Dächer abdecken.
Bei starkem Regen können
ganze Orte überflutet werden.

Deshalb ist es wichtig zu wissen,
wenn ein Unwetter naht.
Dann halten sich Feuerwehr
und Technisches Hilfswerk bereit.
Sie können in der Not helfen.

Mein Lesequiz !?

1 **Die Kinder der Klasse 1c ...**

a) schreiben einen Test.

b) freuen sich auf den Wandertag.

c) wollen morgen Schlitten fahren.

Antwort b) ist richtig.

2 **Wann können Flugzeuge nicht starten?**

a) Bei Sonnenschein.

b) Bei Regen.

c) Bei starkem Sturm.

Antwort c) ist richtig.

Die Sonne und das Wetter

Regen und Wind, Hitze oder Kälte:
Das Wetter spüren wir jeden Tag.
Aber wo kommt das Wetter her?
Und wie entsteht es eigentlich?

Alles beginnt mit der **Sonne**.
Tag für Tag bestrahlt sie die Erde.
Dabei sendet sie uns Licht
und vor allem Wärme.
Die Wärme der Sonnenstrahlen
bestimmt unser Wetter.

Wie der Motor im Auto:
So treibt die Sonne
das Wetter an.

Stell dir die Erde als Apfel vor. Die Schale wäre dann die Atmosphäre.

Die Luft um uns herum

Die Erde hat eine Hülle aus Luft.
Das ist die **Atmosphäre**.
Sie ist zwar nur ganz dünn.
Aber sie ist sehr wichtig.

Die Lufthülle hält nämlich
die Wärme der Sonne fest.
Ohne die Atmosphäre
wäre es auf der Erde
immer eisig kalt.

Schicht für Schicht

Die Lufthülle der Erde
hat verschiedene Schichten.
Die unterste Schicht beginnt
direkt über dem Erdboden.
Sie heißt **Troposphäre**.

Dort bilden sich die Wolken.
Manchmal regnet, schneit
oder hagelt es dann.
In der Troposphäre
entsteht unser Wetter.

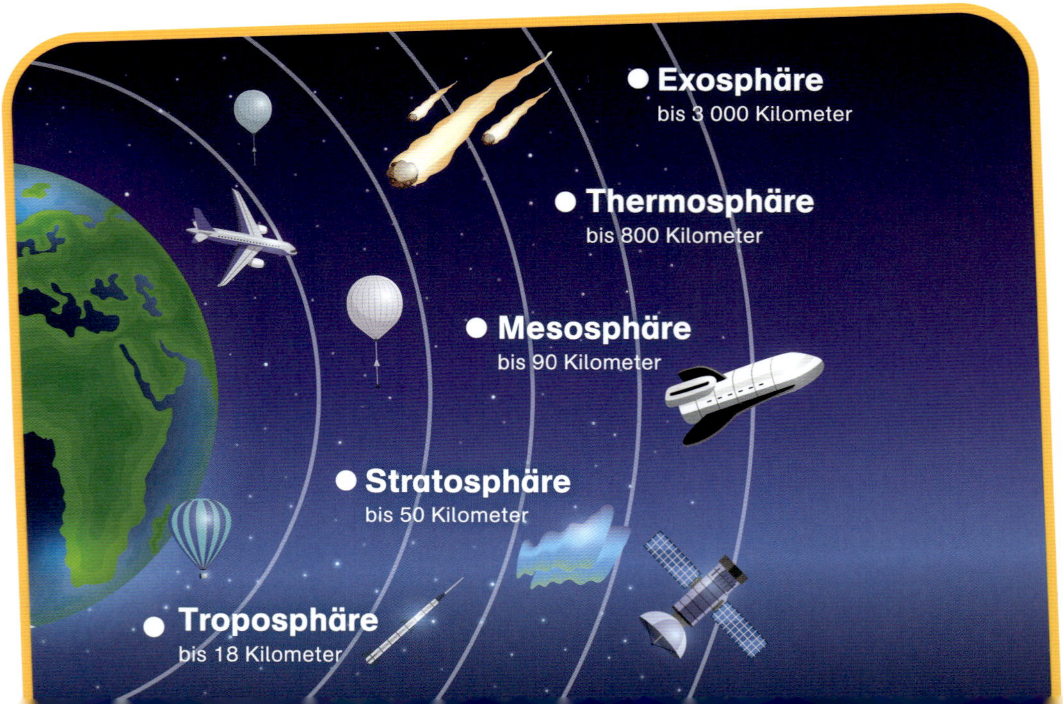

Mein Lesequiz !?

1 Was ist wichtig für unser Wetter?

a) Die Sonne.

b) Der Mond.

c) Die Sterne.

Antwort a) ist richtig.

2 Die Atmosphäre der Erde …

a) beginnt im Weltall.

b) besteht aus Luft.

c) ist für das Wetter nicht wichtig.

Antwort b) ist richtig.

Ganz schön windig!

Es ist ein sonniger Tag am Meer.
Sanft schaukelt ein Segelboot
auf den Wellen.
Plötzlich bläst ein frischer Wind
die Segel auf.
Die Fahrt geht los!

Ob starker Sturm oder leichte Brise:
Wenn der Wind weht,
ist immer die Sonne im Spiel.

Fast immer weht
ein leichter Wind
am Meer.

Wind kann sehr nützlich sein.
Er treibt die Windräder an.
Dabei wird Strom erzeugt.

Die Sonne und der Wind

Die Sonne lässt den Wind wehen.
Ihre Strahlen treffen auf die Erde.
Der Erdboden erwärmt sich.
Dadurch wird auch die Luft
über dem Boden warm.

Die warme Luft steigt nach oben.
Unten strömt kühle Luft nach.
So kommt die Luft in Bewegung.
Wir spüren: Der Wind weht.

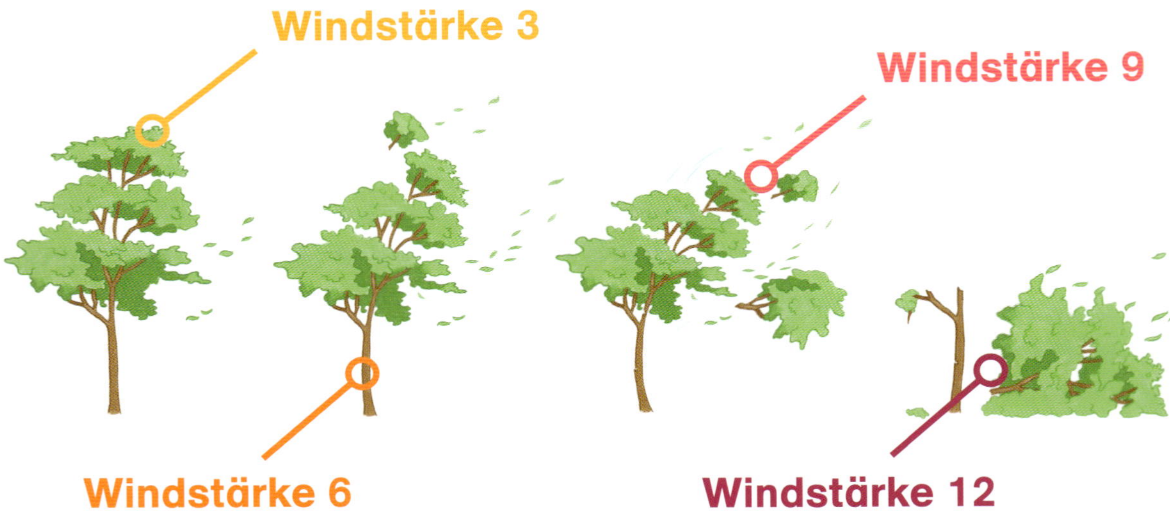

Wind, Sturm oder Orkan?

Wie stark weht der Wind?
Das können Wetterforscher
und Wetterforscherinnen messen.
Die Windstärke wird dabei
in Stufen von 0 bis 12 eingeteilt.

- Stufe 0: Es ist **windstill**.
- Stufe 3: Es weht ein **schwacher Wind**.
- Stufe 6: Es weht ein **starker Wind**.
- Stufe 9: Jetzt sprechen wir von **Sturm**.
- Stufe 12: Es tobt ein **Orkan**.
  Er kann schwere Schäden anrichten.

Stürme über dem Meer

Hurrikan, Taifun oder Zyklon:
So heißen starke **Wirbelstürme**
über den warmen Meeren der Erde.
Dort verdunstet sehr viel Wasser.
Es bilden sich riesige Wolken.
Sie beginnen, sich zu drehen –
immer schneller und schneller.

In der Mitte des Wirbelsturms
liegt das sogenannte Auge.
Dort ist es komplett windstill.

Über dem Ozean
hat sich ein Hurrikan
zusammengebraut.

Wirbel an Land

Auch über dem Festland
können Wirbelstürme entstehen.
Man nennt sie **Tornados**.

Ein Tornado braut sich manchmal
unter einer Gewitterwolke zusammen.
Dort steigt feuchte, warme Luft auf.
Die wirbelt mit der kalten Luft
in der Wolke durcheinander.

Aus dem Tornado wächst nun
der sogenannte Rüssel zum Boden.
Er zerstört alles, was ihm im Weg ist.

Mein Lesequiz !?

1 **Was geschieht bei Windstärke 12?**

a) Es weht ein leichter Wind.

b) Ein schwacher Sturm zieht auf.

c) Es tobt ein Orkan.

Antwort c) ist richtig.

2 **Was ist kein Wirbelsturm über dem Meer?**

a) Der Hurrikan.

b) Der Tornado.

c) Der Taifun.

Antwort b) ist richtig.

Echt viel Wasser

Auf der Erde gibt es sehr viel Wasser.
Das meiste davon
ist Salzwasser im Meer.

Süßwasser gibt es in Flüssen und Seen.
Und als Grundwasser im Boden.
Am Nordpol und am Südpol
kommt das meiste Süßwasser vor.
Dort ist es zu Eis gefroren.

Wassertröpfchen hängen sich an Staubteilchen in der Luft. Daraus bilden sich Wolken.

Der Wasserkreislauf

Die Sonne erwärmt das Wasser,
genau wie die Luft.
Das warme Wasser verdunstet.
Es steigt als Wasserdampf nach oben.

In der Luft kühlt der Dampf wieder ab.
Es entstehen winzige Wassertröpfchen.
Das nennt man Kondensieren.
Aus vielen einzelnen Tröpfchen
bilden sich Wolken.

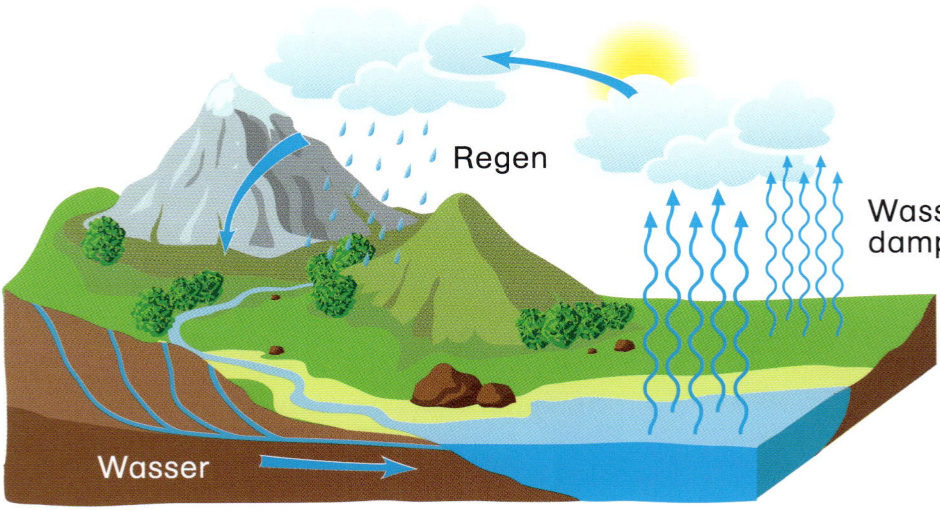

Nichts geht verloren

In den Wolken schließen sich
die kleinen Tröpfchen
immer weiter zusammen.
Irgendwann werden sie
zu groß und zu schwer.
Dann fallen sie als Regentropfen
auf die Erde.

Der Regen versickert im Boden.
Er sammelt sich auch
in Flüssen, Seen und Meeren.
Der Kreislauf beginnt von vorn.

Viel Wasser von oben

Das Wasser trifft aber nicht nur
als Regen auf den Erdboden.
Es kann auch als Schneeflocken,
Hagelkörner oder Graupel
aus den Wolken fallen.

All dieses Wasser kommt
aus der Atmosphäre.
Wir nennen es **Niederschlag**.

Es hat heftig geregnet.
Auf der Straße haben sich
große Pfützen gebildet.

Schnee, Hagel und Co

Schneeflocken bestehen aus vielen einzelnen Eiskristallen. Sie bilden sich, wenn es in den Wolken unter null Grad kalt ist.

Manchmal treffen Regentropfen und Schneeflocken aufeinander. Sie frieren aneinander fest. So bildet sich **Graupel**.

Hagel gibt es meistens im Sommer. Dann kann in einer Gewitterwolke besonders starker Aufwind entstehen. Er zieht die Regentropfen nach oben. Dort verklumpen sie zu Eis.

Tau entsteht nach kühlen Nächten.
Warme Luft trifft auf den kalten Boden.
Der Wasserdampf in der Luft
wird wieder zu Wasser.

Es ist unter null Grad kalt?
Statt Tau bilden sich dann
Eiskristalle an den Pflanzen.
Das ist der **Reif**.

Nebel ist wie eine Wolke
dicht über dem Boden.
Lauter kleine Wassertröpfchen
schweben dann durch die Luft.
Darum können wir bei Nebel
nicht weit sehen.

Bunte Farben am Himmel

Die Sonne scheint und dabei regnet es?
Dann schau doch mal in den Himmel.
Vielleicht siehst du gleich
einen schönen, bunten Regenbogen.

Wusstest du, dass Sonnenlicht
eigentlich gar nicht weiß ist?
In Wirklichkeit besteht es
aus vielen verschiedenen Farben.
Manchmal scheint das Sonnenlicht
durch die Regentropfen hindurch.
Dann können wir die Farben sehen:
als Regenbogen am Himmel.

Zwischen den Wolken leuchtet ein bunter Regenbogen.

Mein Lesequiz !?

1 Wie nennen wir Regen, Schnee oder Hagel?

a) Unwetter

b) Gewitter

c) Niederschlag

Antwort c) ist richtig.

2 Wie heißen Eiskristalle auf Pflanzen?

a) Tau

b) Reif

c) Graupel

Antwort b) ist richtig.

Ein Gewitter zieht auf

Dunkle Wolken türmen sich auf.
Am Himmel zuckt ein heller Blitz.
Kurz darauf kracht ein lauter Donner.
Dann schüttet es wie aus Eimern.

Bestimmt hast du auch schon mal
so ein Gewitter erlebt.
Am häufigsten gewittert es
an heißen, schwülen Sommertagen.

Dunkle Wolken
und ein heller Blitz:
Ein Gewitter zieht
über das Feld.

Gewitterwolken

Wilde Wolken

Die Luft ist nun besonders
warm und feucht.
Darum steigt sie schneller auf als sonst.
Es bilden sich gewaltige Gewitterwolken.

Darin tobt ein heftiger Sturm.
Er wirbelt alles durcheinander.
Wassertropfen, Eiskristalle, Hagelkörner
und Schneeflocken fliegen wild umher.
Sie reiben sich aneinander.
Es entsteht elektrische Ladung.

Blitz und Donner

Irgendwann wird die Spannung zu groß.
Sie muss sich wieder entladen.
So entsteht ein Blitz.

Der Blitz heizt die Luft auf.
Rasend schnell dehnt sie sich aus.
Dabei hörst du ein lautes Grollen.
Es donnert.

Dann ist das Gewitter vorbei.
Die Luft ist wieder frisch und kühl.

So ein Mistwetter!
Die beiden Spatzen
suchen Schutz
vor dem Regen.

Mein Lesequiz !?

1 Wann entsteht ein Gewitter?

a) Wenn die Luft sehr warm und feucht ist.

b) Wenn es sehr kalt ist.

c) Wenn es heiß und trocken ist.

Antwort a) ist richtig.

2 Was passiert, wenn es donnert?

a) Es tobt ein lauter Sturm.

b) Heiße Luft dehnt sich aus.

c) Hagelkörner krachen aufeinander.

Antwort b) ist richtig.

Das Wetter und das Klima

Heute hat es den ganzen Tag geregnet.
Aber morgen soll die Sonne scheinen.
So reden wir über das **Wetter**.
Es geschieht zu einer bestimmten Zeit
an einem bestimmten Ort.

Das **Klima** beschreibt das Wetter
über eine viel längere Zeit.
Wie warm ist es normalerweise?
Welches Wetter ist hier typisch?
Das alles bestimmt das Klima.

Heiße und trockene Sommer:
Das ist typisch für das Klima
in der Wüste.

Das Faultier mag es
warm und feucht.
Es lebt im Regenwald
am Äquator.

Die Sonne macht das Klima

Auf der Erde gibt es Gebiete mit unterschiedlichem Klima. Dafür ist die Sonne zuständig. Denn sie bestrahlt die Erde nicht überall gleich.

Über dem Äquator treffen die Sonnenstrahlen immer senkrecht auf die Erde. Das ganze Jahr über ist es hier warm und feucht.

Die Kälte am Südpol
macht der Robbe
gar nichts aus.

Eis und Schnee

Am Südpol und am Nordpol
herrscht ein ganz anderes Klima.
Hier kommt weniger Wärme an
als am Äquator.

Die Sonnenstrahlen fallen dort
nur sehr flach ein.
Darum haben sie nicht viel Kraft.
So gibt es an den Polen
immer viel Eis und Schnee.

Jahreszeiten

Wohnst du in Deutschland,
Österreich oder in der Schweiz?
Dann lebst du
in der gemäßigten Klimazone.
Hier ändert sich das Wetter
mit den vier Jahreszeiten.

Unsere Erde dreht sich um die Sonne.
Für eine Runde braucht sie etwa ein Jahr.
Deshalb treffen die Sonnenstrahlen
immer unterschiedlich bei uns ein:
im Sommer steiler, im Winter flacher.
So ist es mal wärmer und mal kälter.

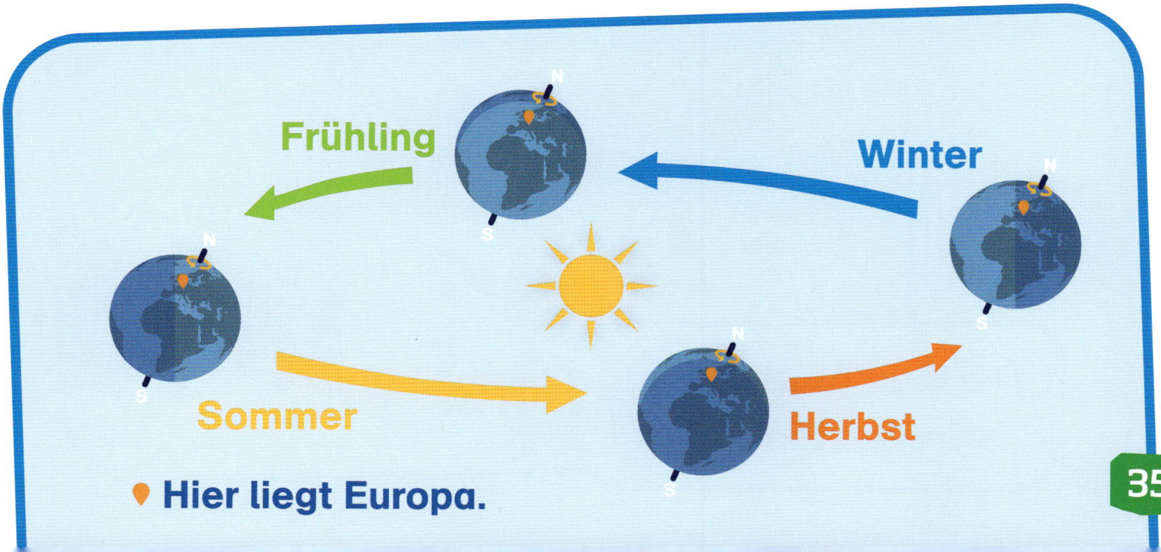

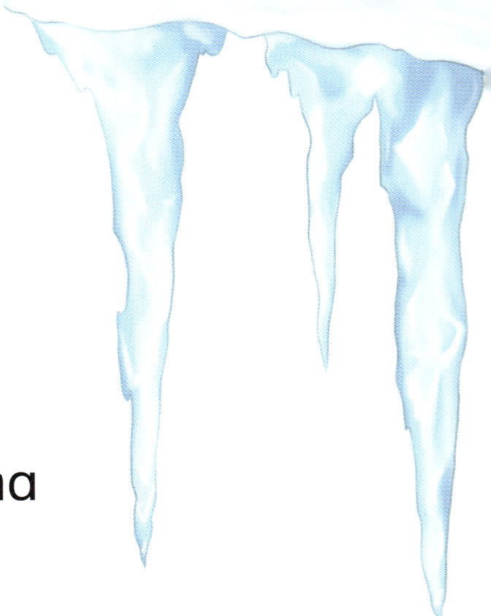

Immer anders

Unsere Erde ist schon sehr alt:
etwa 4,5 Milliarden Jahre.
In dieser Zeit hat sich das Klima
immer wieder verändert.
Eiszeiten und Warmzeiten
wechselten sich ab.

Oft dauerte es viele Tausend Jahre,
bis es wieder wärmer oder kälter wurde.
So konnten sich Pflanzen und Tiere
an das neue Klima anpassen.

Die Mammuts lebten
in der letzten Eiszeit.

Hier entsteht viel CO_2:

Immer schneller

Gerade ändert sich das Klima wieder.
Es wird wärmer auf der Erde.
Doch dieses Mal geht das so schnell
wie noch nie zuvor.

An diesem schnellen Klimawandel
sind wir Menschen schuld.
Wir stoßen zu viele schädliche Gase aus.
Sie entstehen zum Beispiel,
wenn wir aus Öl, Gas oder Kohle
Energie gewinnen.

Gehst du zu Fuß zur Schule?
Oder fährst du mit dem Bus?
Super! Das ist gut fürs Klima!

Gefährliches Wetter

Wenn es immer wärmer wird,
schmilzt das Eis an den Polen.
Im Sommer leiden Menschen, Tiere
und Pflanzen unter der starken Hitze.
Es gibt mehr Dürren oder Waldbrände.
Oft entstehen dann auch mehr Unwetter:
Gewitter, Orkane oder Überschwemmungen.
Höchste Zeit, etwas für unser Klima zu tun!

Mein Lesequiz !?

1 Wo lebt das Faultier?

a) In der Wüste.

b) Im Regenwald.

c) In Europa.

Antwort b) ist richtig.

2 Wo gibt es vier Jahreszeiten?

a) In der gemäßigten Klimazone.

b) Rund um den Äquator.

c) Überall auf der Erde.

Antwort a) ist richtig.

Wie wird das Wetter?

„Und jetzt kommt noch das Wetter“, sagt die Moderatorin im Fernsehen. Fast immer folgt der Wetterbericht direkt nach den Nachrichten.

Oft siehst du dann eine Wetterkarte auf dem Bildschirm. Sie zeigt dir, wie warm oder kalt es in den nächsten Tagen wird. Und ob es regnet oder trocken bleibt.

Wettervorhersagen findest du auch im Internet.

Diese Wetterstation liegt auf der Zugspitze. Das ist der höchste Berg in Deutschland.

Das Wetter beobachten

Für einen Wetterbericht müssen Fachleute sehr viele Daten sammeln.
Diese Leute sind die **Meteorologen**.
Sie beobachten das Wetter rund um die Uhr.

Dafür gibt es viele Wetterstationen auf der ganzen Welt.
Dort werden alle Wetterdaten gemessen.
Das sind zum Beispiel der **Wind**, die **Temperatur**, der **Niederschlag** und die **Luftfeuchtigkeit**.

Hoch oder Tief?

„Hoch Lisa sorgt morgen für viel Sonne.“
„Tief Theo bringt heftige Regenschauer.“
So heißt es oft beim Wetterbericht.
Das hat mit dem **Luftdruck** zu tun.

Bei einem **Hoch** drückt
kühle, trockene Luft auf den Boden.
Es gibt kaum Wolken am Himmel.
Das Wetter ist schön.
Bei einem **Tief** steigt warme Luft auf.
Am Himmel bilden sich Wolken.
Es wird bald regnen.

Auf dem Wasser und in der Luft

Die meisten Wetterstationen
liegen an Land.
Doch auch zu Wasser und in der Luft
wird das Wetter beobachtet.

Im Meer treiben besondere Bojen
mit Messgeräten.
Auch Schiffe haben oft
solche Geräte an Bord.
In der Luft werden Flugzeuge
und Wetterballone eingesetzt.

Messen und rechnen

Auch im Weltall wird das Wetter gemessen.
Darum kreisen Wettersatelliten um die Erde.
Sie funken ständig wichtige Daten
aus der Atmosphäre zu uns.

All diese Wetterdaten kommen
in riesigen Computern zusammen.
Sie werden gespeichert und ausgewertet.
Nun heißt es: rechnen, rechnen, rechnen!
Am Ende entsteht dann
die nächste Wettervorhersage.

Ein Wettersatellit
sammelt Daten
im Weltall.

Mach mit!

Hast du Lust auf ein Experiment?
Suche dir dafür einen Kiefernzapfen.
Lege ihn auf dein Fensterbrett.
Nun beobachtest du den Zapfen.

Sind die Schuppen offen?
Dann bleibt es trocken.
In der Natur würde nun der Wind
die Kiefernsamen verteilen.

Schließt der Zapfen seine Schuppen?
Dann wird die Luft wieder feuchter.
Der Zapfen schützt seine Samen.
Es könnte bald regnen.

Mein großes Lesequiz !?

1 Was macht warme, feuchte Luft?

a) Sie steigt immer nach oben.

b) Sie sinkt immer auf den Boden.

c) Sie bleibt, wo sie ist.

Antwort a) ist richtig.

2 Eine Wolke über dem Boden …

a) ist der Tau.

b) ist der Reif.

c) ist der Nebel.

Antwort c) ist richtig.

3 Wann öffnet der Kiefernzapfen seine Schuppen?

a) Wenn es regnet.

b) Wenn es sonnig und trocken ist.

c) Wenn es stürmt.

Antwort b) ist richtig.

4 Womit werden Wetterdaten auf dem Meer gesammelt?

a) Mit Wetterbojen.

b) Mit Wettersatelliten.

c) Mit Wetterballonen.

Antwort a) ist richtig.

Buchstabenrätsel

Das gesuchte Wort lautet **Sonne**.

Bildquellennachweis

picture alliance: 8o (THW-Mitarbeiter in Fröndenberg, NRW, 05.07.2021/Jonas Güttler/dpa), 30u (Jens Kalaene/dpa), 41o (Wetterdiensttechniker Wetterstation Zugspitze/Felix Hörhager/dpa); **Shutterstock**: 4u (Grundschulkinder in Odense, Dänemark, 10.06.2021/BigDane), 5ol (LeManna), 5or (Olya Lytvyn), 6ul (Animaflora PicsStock), 6mr (ABCDstock), 7ml (ssuaphotos), 7or (Robert Kneschke), 7ur (sculpies), 10u (djgis), 11o (Harvepino), 12u (Macrovector), 14u (De Visu), 15o (Robert Crum), 17u (Harvepino), 18u (solarseven), 20ul (Fluss: sergo1972), 20mr (Meer: art180), 20ur (Eis: Armin Rose), 21o (Pakhnyushchy), 22o (Merkushev Vasiliy), 23ur (Serenko Natalia), 24or (Gajus), 24ml (Maximillian cabinet), 24ur (Oleh Gumennyi), 25or (Esti Budi), 25ml (Beachbird), 25ur (isak55), 26u (PongMoji), 28u (chesterf), 29ol (Calin Tatu), 29or (cobalt88), 32u (Vinnikava Viktoryia), 33o (Lukas Kovarik), 34o (Anton Rodionov), 35u (Erde: vectorplus), 36u (Leonelli calvetti), 37ol (Tierhaltung: Pedal to the Stock), 37or (Autoabgase: ssuaphotos), 37or (Fabriken: Andriano), 38o (polya_olya), 40u (pikepicture), 43ul (Buquet Christophe), 43ur (Maria Dryfhout), 44u (Andrei Armiagov)

Umschlagfotos: **Shutterstock**: U1 (Sharomka), U4 (Dark Moon Pictures)

Text: Sonja Meierjürgen
Illustrationen: Jennifer Wunderwald
Bildredaktion: Susanne Wiechert
Gestaltung: Jennifer Wunderwald

ISBN 978-3-7886-7734-3

WAS IST WAS
Erstes LESEN easy!
Entdecke die Bäume
ORIGINAL
TESSLOFF

WAS IST WAS
Erstes LESEN easy!
Tiere im Meer
ORIGINAL
TESSLOFF

WAS IST WAS
Erstes LESEN easy!
Wie lebt die Honigbiene?
ORIGINAL
TESSLOFF

WAS IST WAS
Erstes LESEN easy!
Entdecke den Weltraum
ORIGINAL
TESSLOFF

WAS IST WAS
Erstes LESEN easy!
Wie leben die Delfine?
ORIGINAL
TESSLOFF

WAS IST WAS
Erstes LESEN easy!
Komm mit zu den Pferden
ORIGINAL
TESSLOFF

WAS IST WAS
Erstes LESEN easy!
Wie leben unsere Vögel?
ORIGINAL
TESSLOFF

WAS IST WAS
Erstes LESEN easy!
Tiere in Schnee und Eis
ORIGINAL
TESSLOFF

WAS IST WAS
Erstes LESEN easy!
Hunde - meine Lieblingstiere
ORIGINAL
TESSLOFF